딱 60단어로 가장 쉽고 빠르게
영어를 읽고 쓸 수 있습니다.

아빠표 초등영어 파닉스에서 익히는 것

★ 영어(알파벳)를 90% 정도 읽을 수 있고, 100% 쓸 수 있다.
알파벳에 없는 발음기호를 읽을 수 있다.
주요 단어 60개의 발음과 뜻을 알고 쓸 수 있다.
수록된 233개의 단어에 익숙해진다.

아빠표 초등영어 파닉스+알파벳 순서 따라 쓰기

1판 3쇄 2021년 6월 14일 / 지은이 Mike Hwang / 발행처 Miklish / 전화 010-4718-1329, 070-7566-9009 / 홈페이지 miklish.com / e-mail iminia@naver.com /
ISBN 979-11-87158-20-2

아빠표

초등영어 파닉스

+알파벳 순서

따라 쓰기

비밀책

1

★ 시작하기 전에

무료 강의와 함께 배우면
더 쉽고 재미있게 배울 수 있습니다.

무료강의 주소:

goo.gl/7wy2dx

영어가 끔찍했던 이유

저는 중학생 때부터 영어 과목이 있었습니다. 국립국악학교에 갔는데, 전국에서 뽑은 학생들이다 보니, 1학년 100명 중에 초등학생(당시 국민학교) 때 미리 영어를 배우지 못한 사람은 5명이 안 됐을 것입니다. 그 중 한 명이 저였습니다. 영어 읽는 법은커녕 알파벳도 몰랐습니다.

첫 수업에서 알파벳을 가르쳐 주셨고, 두 번째 수업에서 바로 영어 회화를 나갔습니다. 각 단어의 역할과 의미를 모른 채, 그냥 억지로 문장 전체를 머릿속에 집어넣었습니다. 학생들 대다수는 저보다 영어를 잘했기에 선생님께서는 저를 따로 챙겨주시지 않았습니다. 공부라면 자신 있었는데 영어 성적은 항상 하위권이었습니다.

가장 끔찍한 것은 영어 읽기였습니다. 수업 중에 선생님께서 본문 읽기를 시켰습니다. 아마도 학생들을 집중시키려고 그러신 것 같습니다. 한번은 제가 읽어야 했는데, 본문을 읽는 도중에 candle(캔들, 양초)을 candy(캔디, 사탕)로 읽었습니다. 친구들은 크게 웃었고, 지금은 기억도 못 할 작은 일이겠지만, 제게는 평생의 상처로 남았습니다.

영어는 한글과 달리 적혀진 대로 소리 나지 않아서 배우기 어렵습니다. 라틴어, 독일어, 프랑스어 등 다양한 기원을 가졌기 때문입니다. 어떻게 더 쉽게 영어 발음을 익힐 수 있을지 10년 넘게 고민했습니다. 그 결과 <2시간에 끝내는 한글영어 발음천사>를 출간했습니다. 4시간 반의 무료강의로 한글만 알면 누구나 익힐 수 있는 책입니다.

초등학생, 유치원생도 더 쉽게 읽고 쓸 수 있게 <아빠표 초등영어 파닉스>를 출간했습니다. 이 책에 수록된 단어의 95%는 <아빠표 영어 구구단>에서 나옵니다. 이미 알고 있는 소리여서 더 쉽고, 재미있게, 빠르게 익힐 수 있습니다. 짧게는 하루(<아빠표 영어 구구단>을 익힌 학생들), 길게는 한 달이면 영어를 쓰고, 읽을 수 있습니다.

공부법

<아빠표 영어 구구단>과 함께 이 책을 나가면 좋습니다. 되도록 <아빠표 영어 구구단>을 먼저 공부하고, 끝날 때쯤 이 책을 나가면 더 좋습니다. 파닉스를 일찍 아는 것이 영어 듣기 발달에는 좋지 않기 때문입니다. 참고로, 루나(제 딸)는 <아빠표 영어 구구단 9단> 끝나고 이 책 나가고 있습니다. 급하게 영어 읽는 법을 배워야 한다면, 다른 것보다 우선해서 이 책을 익혀도 괜찮습니다.

❶ **페이지 상단 오른편에 있는** 사진 밑의 발음을 꼭 읽기(8쪽이라면 '걸얼'): 부모님께서 읽어주시거나, 컴퓨터나 휴대폰, 세이펜으로 원어민의 발음을 듣고 해야 합니다. http://goo.gl/7wy2dx

❷ **점선을 따라 알파벳 쓰기**: 쓸 때마다 단어를 소리 내면 효과가 더 좋습니다. p.22를 쓴다면, g만 쓸 때는 'ㄱ(그)'를, give을 쓸 때는 '깁(ㅂ)'를 소리 내면 됩니다. 하루에 4~33쪽 나가는 것을 추천합니다. '확인해보기'는 어렵다면 아직 풀지 않아도 좋습니다.

❸ **처음부터 끝까지 다 나간 뒤, 확인해보기 풀기(p.21 등)**: 다 익혀지지 않았다면, 다시 1~5회(권) 점선을 따라 쓰면서 따라 말해 봅니다.

❹ 이 책으로 영어 발음이 어느 정도 익혀졌다면, **<아빠표 영어 구구단+파닉스>에서 해당하는 단의** 영어 문장을 읽기(생략 가능).

❺ 기본 단어와 발음법 다 익혀졌다면, **각 쪽 하단에 있는** 흐린 단어(쪽마다 6개씩, 총 233개)를 읽기: 맞게 읽고 있는지 부모님께서 도와주세요. 정답은 다음 페이지의 왼쪽 아래에 작고 흐리게 적혀 있습니다. 3~10회 이상 반복해서 읽는 것을 추천합니다.

❻ 더 많은 영어 발음, 더 많은 단어를 익히고 싶다면, <2시간에 끝내는 한글영어 발음천사> 보기.

차례

알파벳 순서 따라 쓰기 소문자

알파벳 밑에 적혀있는 것(에이, 비, 씨, 디...)은 알파벳의 이름입니다. 실제 소리는 다르게 나는 경우가 많습니다.

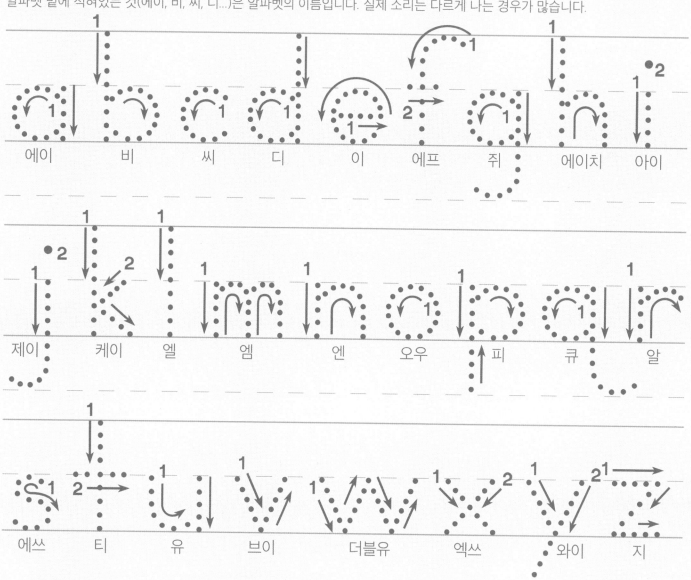

에이　　비　　씨　　디　　이　　에프　　쥐　　에이치　　아이

제이　　케이　　엘　　엠　　엔　　오우　　피　　큐　　알

에쓰　　티　　유　　브이　　더블유　　엑쓰　　와이　　지

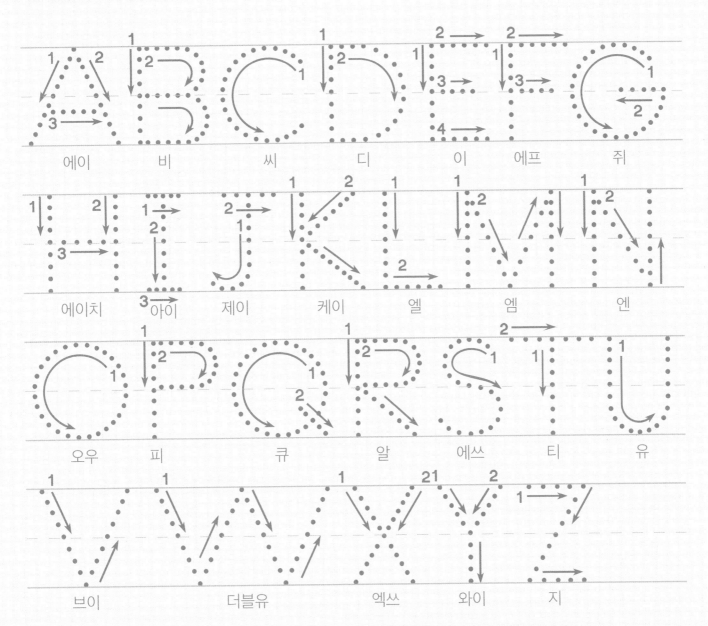

에이 비 씨 디 이 에프 쥐

에이치 아이 제이 케이 엘 엠 엔

오우 피 큐 알 에쓰 티 유

브이 더블유 엑쓰 와이 지

ㄱ = g = G

소녀=**걸얼**[gərl] ❶

ㄱ ㄴ ㄷ ㄹ ㅁ ㅂ ㅅ ㅈ ㅊ ㅋ ㅌ ㅍ ㅎ

ㄱ보다 목이 많이 울리고, 입 안쪽에서 소리 낸다.

❷

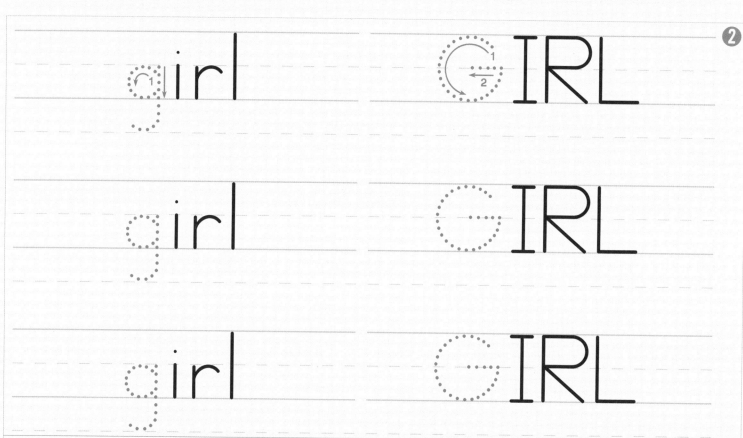

give
[giv]

good
[gud]

ugly
['ʌgli]

dog
[dɔːg]

big
[big]

bag
[bæg]

❺

8

이름=**네임**[neɪm]

ㄱ ㄴ ㄷ ㄹ ㅁ ㅂ ㅅ ㅈ ㅊ ㅋ ㅌ ㅍ ㅎ

ㄴ보다 코가 많이 울린다.

name　　　NAME

name　　　NAME

name　　　NAME

not　　　enough　　　find　　　pain　　　violin　　　children

[nɑːt]　　　[i'nʌf]　　　[faind]　　　[pein]　　　[ˌvaiə'lin]　　　[tʃíldrən]

아빠=댇(ㄷ)[dæd]

ㄱ ㄲ ㄴ ㄷ ㄸ ㄹ ㅁ ㅂ ㅃ ㅅ ㅆ ㅈ ㅉ ㅊ ㅋ ㅌ ㅍ ㅎ

혀와 안쪽 잇몸(치경)에서 소리 낸다. 치아에는 혀가 닿지 않는다.

dad　　　DAD

dad　　　DAD

dad　　　DAD

p.8/9: 기브 굳(ㄷ) 어글리 덕(ㄱ) 빅(ㄱ) 백(ㄱ) / 낱(ㅌ) 이너프 파인드 페인 바이얼린 칠ㄷ뤈 **하단 단어 ㅂ**

drive	doctor	idea	card	red	child
[draiv]	['daːktər]	[ai'dia]	[kaːrd]	[red]	[tʃaild]

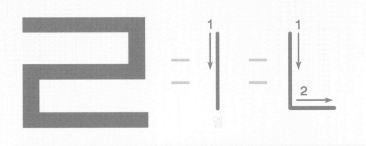

빛=**라잍(ㅌ)**[lait]

ㄱ ㄴ ㄷ **ㄹ** ㅁ ㅂ ㅅ ㅈ ㅊ ㅋ ㅌ ㅍ ㅎ

'을'로 시작해서 'ㄹ'을 소리 낸다. light는 (을)라잍(ㅌ)로 소리 낸다.

like	long	believe	child	violin	people
[laik]	[lɔːŋ]	[biˈliːv]	[tʃaild]	[ˌvaiəˈlin]	[ˈpiːpl]

11

엄마=**맘**['mam]

ㄱ ㄱ ㄴ ㄷ ㄹ ㅁ ㅂ ㅅ ㅈ ㅊ ㅋ ㅌ ㅍ ㅎ

ㅁ보다 코가 많이 울린다.

mom MOM

mom MOM

mom MOM

p.10/11: ㄷ롸입(ㅂ) 닥털 아이디어 칼ㄷ 뤤(ㄷ) 촤일ㄷ / 라잌(ㅋ) 렁 빌리입(ㅂ) 촤일ㄷ 바이얼린 피이플

man	marry	small	computer	name	arm
[mæn]	['mæri]	[smɔːl]	[kəmˈpjuːtər]	[neim]	[aːrm]

ㅂ = b = B

바

아빠표 영어 구구단+ 파닉스 1단

책=북(ㅋ)[buk]

ㄱ ㄴ ㄷ ㄹ ㅁ ㅂ ㅅ ㅇ ㅈ ㅊ ㅋ ㅌ ㅍ ㅎ

ㅂ보다 목이 많이 울린다.

 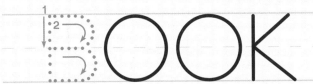

 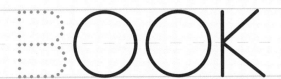

buy	boy	bad	zebra	table	job
[bai]	[bɔi]	[bæd]	['ziːbra]	['teibl]	[dʒaːb]

13

人 = S¹ = S¹

에쓰

학교 = 人쿨 [skuːl]

ㄱ ㄴ ㄷ ㄹ ㅁ ㅂ 人 ㅈ ㅊ ㅋ ㅌ ㅍ ㅎ

人과 ㅆ의 중간. 대부분 ㅆ으로 소리 내지만, 강세가 없으면 人이나 ㅈ으로(has, close, choose, use 등) 소리 낸다.

s¹chool S¹CHOOL

school SCHOOL

school SCHOOL

p.12/13: 맨 매뤼 人멀 컴퓨털 네임 앞 / 바이 보이 밴(ㄷ) 지ㅂ롸 테이블 잡

| sad | send | small | person | guess | house |
| [sæd] | [send] | [smɔːl] | ['pəːrsn] | [ges] | [haus] |

14

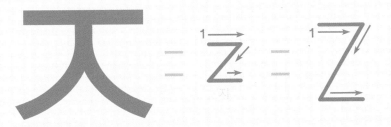

얼룩말=**지브라**['ziːbra]

ㄱ ㄴ ㄷ ㄹ ㅁ ㅂ ㅅ **ㅈ** ㅊ ㅋ ㅌ ㅍ ㅎ

ㅈ보다 부드럽게, 많이 울려서 소리 낸다.

zebra   ZEBRA

zebra   ZEBRA

zebra   ZEBRA

zoo   zero   lazy   magazine   quiz   prize

[zuː]   ['zirou]   ['leizi]   [mægə'ziːn]   [kwiz]   [praiz]

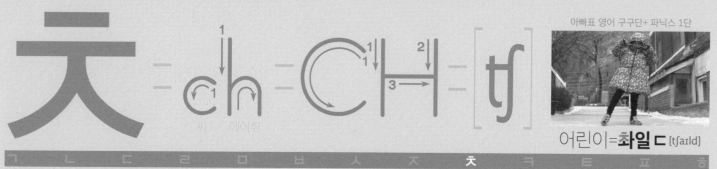

ㅊ = ch - CH = [tʃ]
씨 에이취

어린이 = **촤일 ㄷ** [tʃaɪld]

ㄱ ㄴ ㄷ ㄹ ㅁ ㅂ ㅅ ㅈ **ㅊ** ㅋ ㅌ ㅍ ㅎ

입 모양은 '위'를 하고 ㅊ을 소리 낸다. 참고로 ch는 ㅋ으로 소리내기도 한다(school).

child CHILD

child CHILD

child CHILD

p 14/15: 쌘(ㄷ) 쎈ㄷ ㅅ멀 펄쓴 게쓰 하우쓰 / 주 지로우 레이지 매거진 쿠이즈 프롸이즈

choose [tʃuːz] chair [tʃeər] kitchen ['kitʃin] watch [waːtʃ] witch [witʃ] rich [ritʃ]

 =  =  = [k]

알파벳의 발음기호가 알파벳과 다른 경우에만 [발음기호]를 적었습니다.

자동차=**카알**[kaːr]

ㄱ ㄴ ㄷ ㄹ ㅁ ㅂ ㅅ ㅈ ㅊ **ㅋ** ㅌ ㅍ ㅎ

'ㅋ'으로 소리 낸다. 발음 기호에서는 k를 쓴다. 참고로 c뒤에 **e**나 **i**가 붙으면 ㅋ이 아니라 ㅆ으로 소리 낸다(ri**c**e, **c**ity 등).

card [kaːrd]   close [klouz]   doctor ['daːktər]   picture ['piktʃər]   rock [raːk]   truck [trʌk]

17

E

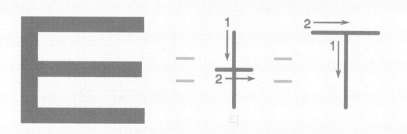

아빠표 영어 구구단+ 파닉스 1단

시간=**타임** [taɪm]

ㄱ ㄴ ㄷ ㄹ ㅁ ㅂ ㅅ ㅈ ㅊ ㅋ **E** ㅍ ㅎ

ㅌ보다 치아에 가까운 데서(치경) 소리 낸다. t가 약해지면 ㄹ이나 ㄷ으로 소리 낸다.

ime

IME

ime

IME

ime

IME

p.16/17: 추ㅈ 췌얼 키췬 와취 위취 뤼취 / 칼ㄷ 클로우ㅈ 닥털 픽춸 롹(ㅋ) 트뤽(ㅋ)

truck   take   start   doctor   put   light

[trʌk]   [teik]   [sta:rt]   [ˈdɑ:ktər]   [put]   [lait]

아빠표 영어 구구단 + 파닉스 1단

사람 = **펄쓴** ['pəːrsn]

ㄱ ㄴ ㄷ ㄸ ㄹ ㅁ ㅂ ㅃ ㅅ ㅆ ㅈ ㅉ ㅊ ㅋ ㅌ **ㅍ** ㅎ

표보다 강하게 소리 낸다.

person **PERSON**

person **PERSON**

person **PERSON**

put [put]   pain [pein]   pretty ['priti]   people ['piːpl]   happy ['hæpi]   help [help]

ㅎ = h = H

에이취

집=**하우쓰** [haus, hauz]

ㄱ ㄴ ㄷ ㄹ ㅁ ㅂ ㅅ ㅈ ㅊ ㅋ ㅌ ㅍ **ㅎ**

ㅎ보다 목 안쪽에서 소리 낸다.

house HOUSE

house HOUSE

house HOUSE

p.18/19: 트뤽(ㅋ) 테잌(ㅋ) 스탈ㅌ 닥털 풑(ㅌ) 라잍(ㅌ) / 풑(ㅌ) 페인 프뤼티 피이플 해피 헲(ㅍ)

he   have   happy   hang   help   hold

[hi]   [hæv]   ['hæpi]   [hæŋ]   [help]   [hould]

확인해보기 1

각 알파벳에 어울리는 한글 소리를 선으로 이어 보세요.

C[k] ①   Ⓐ ㅋ

d ②   Ⓑ ㄹ

h ③   Ⓒ ㅎ

l ④   Ⓓ ㄷ

m ⑤   Ⓔ ㅌ

n ⑥   Ⓕ ㅁ

s ⑦   Ⓖ ㅅ

t ⑧   Ⓗ ㄴ

ㄱ = g = G

주다=깁(ㅂ)[gɪv]

ㄱ / ㅋ   ㄹ / ㄹ

ㄱ보다 입 안쪽에서 소리 내고, ㄱ보다 목이 많이 울린다.

 ive

IVE

give

IVE

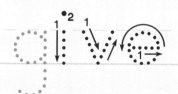

p.20: 히 해ㅂ 해피 행 헬(ㅍ) 호울ㄷ

go
[gou]

get
[get]

game
[geim]

girl
[gə:rl]

again
[ə'gein]

bag
[bæg]

 ㅋ = k = K
케이

열쇠 = 키이[ki:]

ㄱ / ㅋ　　　　　　　　　　　　　　ㄹ / ㄹ

ㅋ보다 입 안쪽에서 소리 낸다. 목이 울리지는 않는다.

 ey

 EY

 ey

 EY

king
[kiŋ]

kitchen
['kitʃin]

like
[laik]

take
[teik]

thank
[θæŋk]

book
[buk]

23

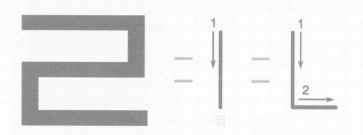

ㄹ

좋아하다=**라익(ㅋ)**[laɪk]

ㄱ / ㅋ ㄹ / ㄹ

l은 '을'에서 시작해 혀가 입천장에 닿는다. like는 '(을)라익(ㅋ)'로 소리 낸다.

ike

IKE

ike

LIKE

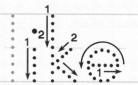

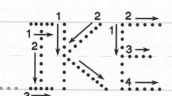

p.22/23: 고우 겔(ㅌ) 게임 걸얼 어게인 백(ㄱ) / 킹 키췬 라익(ㅋ) 테일(ㅋ) 땡ㅋ 북(ㅋ)

letter ugly old feel school small

['letər] [',ʌgli] [ould] [fi:l] [sku:l] [smɔ:l]

ㄹ = r = R

쌀=**롸이 씨**[raɪs]

ㄹ / ㄹ

'우'에서 시작해 혀가 입천장에 닿지 않는다. rice는 '(우)롸이씨'로 소리 낸다.

rice

RICE

rice

RICE

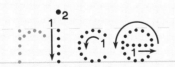

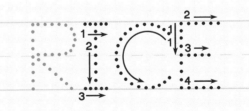

ring	red	person	children	arm	car
[riŋ]	[red]	['pəːrsn]	[tʃíldrən]	[aːrm]	[kaːr]

운전하다= ㄷ**롸입(ㅂ)**[draiv]

ㄷ/ㅌ ㅂ/ㅍ ㅂ/ㅂ ㅍ/ㅍ ㄷ/ㄸ

혀와 안쪽 잇몸(치경)에서 소리 낸다. 목이 울린다.

 drive   DRIVE

drive   DRIVE

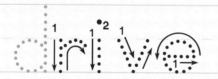   

p.24/24: 레털 어글리 오울ㄷ 피일 ㅅ쿨 ㅅ멀 / 륑 뤤(ㄷ) 펄쓴 췰ㄷ뤈 앎 칼

dad	window	ready	sad	need	food
[dæd]	['windou]	['redi]	[sæd]	[ni:d]	[fu:d]

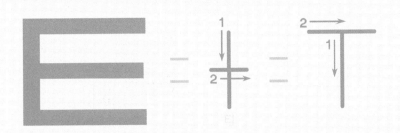

화물차= **ㅌ** 뤅(**ㅋ**)[trʌk]

ㄷ / ㅌ	ㅂ / ㅍ	ㅂ / ㅂ	ㅍ / ㅍ	ㄷ / ㄸ

혀와 안쪽 잇몸(치경)에서 소리 낸다. 목이 울리지 않는다. t가 약해지면 ㄹ이나 ㄷ으로 소리 낸다. (city는 씨**티**⇨씨**리**)

ruck   RUCK

ruck   RUCK

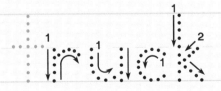

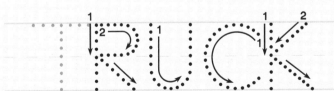

time   pretty   letter   party   protect   right

[taim]   ['priti]   ['letər]   ['pɑːrti]   [prə'tekt]   [rait]

27

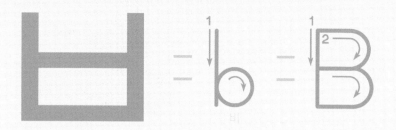 = b = B

밀다=**빌리입(ㅂ)**[brˈliːv]

ㄷ / ㅌ   ㅂ / ㅍ   ㅂ   ㅂ   ㅂ   ㅍ / ㅍ   ㄷ / ㅁ

양 입술로만 소리 낸다. 목이 울린다.

believe   BELIEVE

believe   BELIEVE

   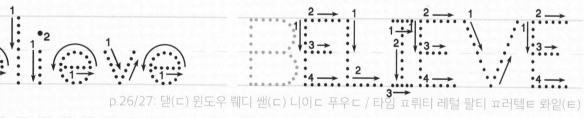

p.26/27: 댄(ㄷ) 윈도우 뤠디 쌘(ㄷ) 니이ㄷ 푸우ㄷ / 타임 프뤼티 레털 팔티 프러텍트 롸잍(ㅌ)

book   big   bring   baby   problem   job
[buk]   [big]   [briŋ]   ['beibi]   ['praːbləm]   [dʒaːb]

사람들 = **피이플**['piːpl]

ㄷ / ㄷ　　ㅌ / ㅌ　　ㅂ / ㅍ　　　　ㅂ / ㅂ　　ㅍ / ㅍ　　ㅍ / ㅍ　　ㄷ / ㄸ

양 입술로만 소리 낸다. 목이 울리지 않는다.

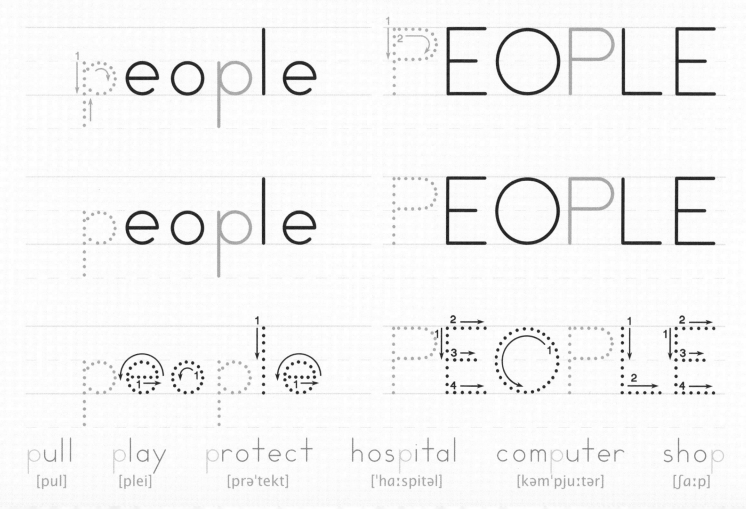

people　PEOPLE

people　PEOPLE

pull　play　protect　hospital　computer　shop

[pul]　[plei]　[prəˈtekt]　[ˈhɑːspitəl]　[kəmˈpjuːtər]　[ʃɑːp]

29

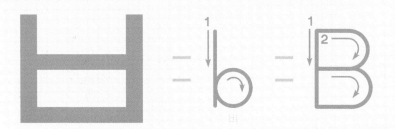

ㅂ = b = B

사다=**바이**[bai]

ㄷ / ㅌ	ㅂ	ㅍ	ㅂ / ㅂ	ㅍ / ㅍ	ㄷ / ㄸ

양 입술로만 소리 낸다. 목이 울린다.

buy

buy

BUY

BUY

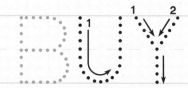

p.28/29: 북(ㅋ) 빅(ㄱ) 브링 베이비 프라블럼 좝 / 풀 플레이 프러텍트 하스피털 컴퓨털 샵

be	blue	boat	bag	about	web
[bi]	[bluː]	[bout]	[bæg]	[əˈbaut]	[web]

ㅂ = v = V

바이올린=**바이얼린**[ˌvaɪəˈlɪn]

ㄷ/ㅌ · ㅂ/ㅍ · ㅂ/ㅂ · ㅍ/ㅍ · ㄷ/ㄸ

윗니와 아랫입술로만 소리 낸다. 목이 울린다.

violin VIOLIN

violin VIOLIN

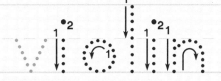 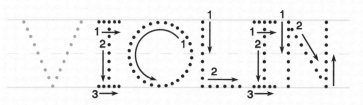

very	envelope	give	have	drive	love
['veri]	['envəloup]	[giv]	[hæv]	[draiv]	[lʌv]

31

아빠표 영어 구구단+ 파닉스 3단

놓다=풑(ㅌ)[put]

ㄷ/ㅌ   ㅂ/ㅍ   ㅂ/ㅂ   ㅍ/ㅍ   ㄷ/ㄸ

양 입술로만 소리 낸다. 목이 울리지 않는다.

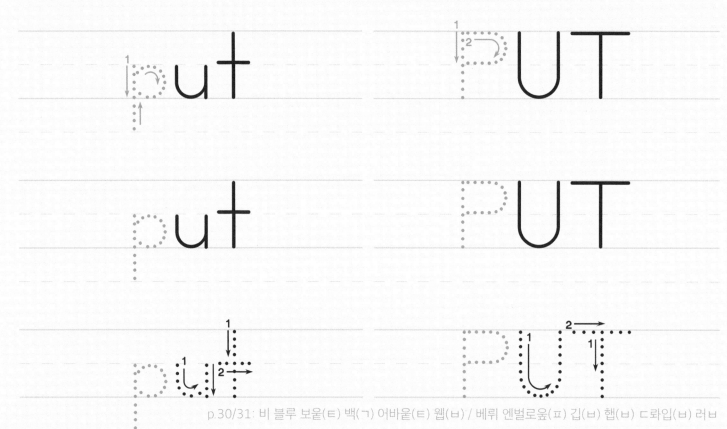

p.30/31: 비 블루 보욷(ㅌ) 백(ㄱ) 어바욷(ㅌ) 웹(ㅂ) / 베뤼 엔벌로웊(ㅍ) 깁(ㅂ) 햅(ㅂ) 드라입(ㅂ) 러브

party	pick	picture	envelope	map	cup
['pɑːrti]	[pik]	['piktʃər]	['envəloup]	[mæp]	[kʌp]

음식=**푸ㄷ** [fu:d]

ㄷ / ㅌ　ㅂ / ㅍ　ㅂ / ㅂ　ㅍ / ㅍ　ㄷ / ㅍ

윗니와 아랫입술로만 소리 낸다. 목이 울리지 않는다. 참고로 ph도 f로 소리 낸다(phone, elephant 등).

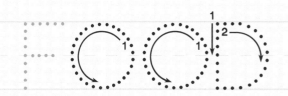

feel	foot	find	friend	offer	office
[fi:l]	[fut]	[faind]	[frend]	[ˈɔːfər]	[ˈɔːfis]

33

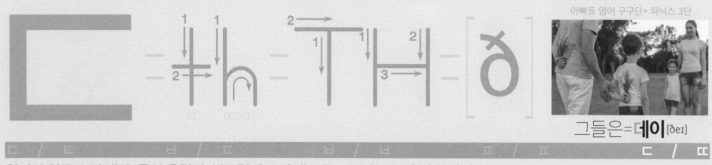

ㄷ - th - TH - [ð]

그들은 = **데이** [ðeɪ]

ㄷ/ㅌ · ㅂ/ㅍ · ㅂ/ㅂ · ㅍ/ㅍ · ㄷ / ㄸ

윗니와 혀로 소리 낸다. 목이 울린다. 부드럽게 소리 내므로 ㄸ보다는 ㄷ에 더 가깝다.

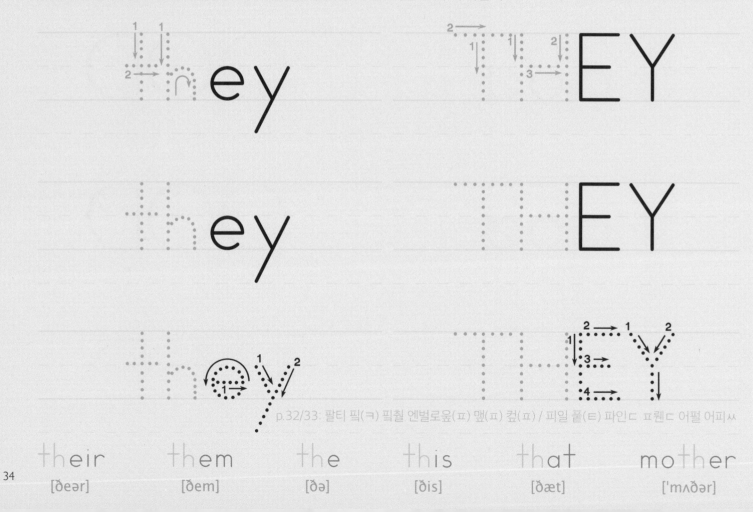

they · THEY

they · THEY

they · THEY

p.32/33: 팔티 픽(ㅋ) 픽철 엔벌로웊(ㅍ) 맲(ㅍ) 컾(ㅍ) / 피일 푿(ㅌ) 파인ㄷ 프뤤ㄷ 어펄 어피씨

their	them	the	this	that	mother
[ðeər]	[ðem]	[ðə]	[ðis]	[ðæt]	[ˈmʌðər]

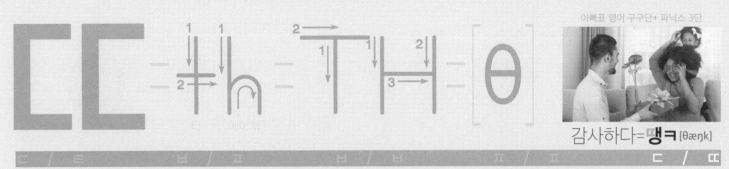

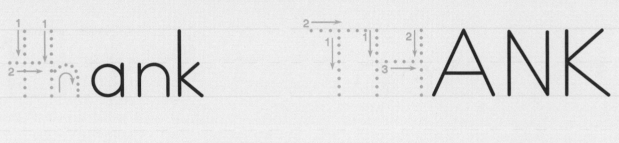

감사하다=**땡크** [θæŋk]

ㄷ / ㅌ   ㅂ / ㅍ   ㅂ / ㅂ   ㅍ / ㅍ   ㄷ / ㄸ

윗니와 혀로 소리 낸다. 목이 울리지 않는다. ㄸ과 ㅆ의 중간 정도의 소리.

think	through	three	everything	nothing	bath
[θiŋk]	[θruː]	[θriː]	['evriθiŋ]	['nʌθiŋ]	[bæθ]

여왕=**쿠인** [kwiːn]

쿠

q는 항상 'u(우)'와 함께 적으며, 소리도 '쿠'로 낸다. 발음기호는 kw.

een

EEN

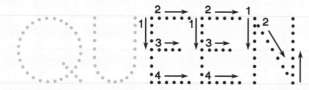

p.34/35: 데얼 뎀 더 디쓰 댙(ㅌ) 머덜 / 띵ㅋ 뜨루 뜨뤼 에브뤼띵 낟띵 배뜨

quiz	quick	quiet	quit	squirrel	unique
[kwiz]	[kwik]	[ˈkwaiət]	[kwit]	[ˈskwəːrəl]	[juˈniːk]

확인해보기 2

정답 p.79

각 알파벳에 어울리는 한글 소리를 선으로 이어 보세요.

b ①   Ⓐ ㅍ

f ②   Ⓑ ㅂ

g ③   Ⓒ ㅋ

k ④   Ⓓ ㄱ

p ⑤   Ⓔ ㄸ

r ⑥   Ⓕ ㅂ

v ⑦   Ⓖ ㄹ

th ⑧   Ⓗ ㅍ

아 = a = A

아빠표 영어 구구단+ 파닉스 6단

출발하다 = 스탈ㅌ [staːrt]

a:아, 에이, 애 e:에, 이이 i:이, 아이 o:오우, 어 어:a,o 우:u,oo 유:u 이:y 우:w

약한 a는 '아'로 소리 낸다. 발음기호의 a는 '아'이지만, 알파벳 a는 '아ə'보다는 주로 '어ə'로 소리 낸다.

start START

start START

start START

p.36: 쿠이ㅈ 쿠읰(ㅋ) 쿠아이얼(ㅌ) 쿠잍(ㅌ) 스쿼럴 유틱(ㅋ)

arm	car	watch	card	hard	zebra
[aːrm]	[kaːr]	[waːtʃ]	[kaːrd]	[haːrd]	['ziːbra]

아 = a = A

파티=**팔티** ['pɑːrti]

a:아, 에이, 애   e:에, 이이   i:이, 아이   o:오우, 어   어:a,o   우:u,oo   유:u   이:y   우:w

약한 a는 '아'로 소리 낸다. 발음기호의 a는 '아'이지만, 알파벳 a는 '아ə'보다는 주로 '어ə'로 소리 낸다.

party   PARTY

party   PARTY

party   PARTY

art   star   heart   last   probably   father

[aːrt]   [staːr]   [haːrt]   [laːst]   ['praːbəbli]   ['faːðər]

39

에이 a A [ei]

아빠표 영어 구구단+ 파닉스 6단

아기=**베이비** ['beɪbi]

강한 a는 '에이ei'나 '애æ'로 소리 낸다. baby에서 y가 앞의 a를 길게 소리 나게 해서 '바비'가 아니라 '베이비'로 소리 낸다.

baby BABY

baby BABY

baby BABY

p.38/39: 앎 칼 와취 칼ㄷ 할ㄷ 지브라 / 알트 ㅅ탈 할트 라ㅅ트 프라버블리 파덜

pain	take	game	name	patient	okay
[pein]	[teik]	[geim]	[neim]	[ˈpeiʃənt]	[ˌouˈkei]

에이 a A [ei]

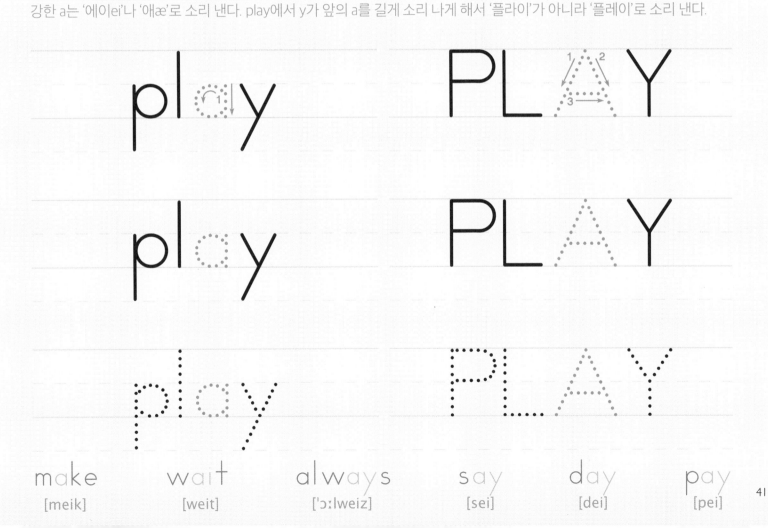

놀다=**플레이**[pleɪ]

a:아, 에이, 애   e:에, 이이   i:이, 아이   o:오우, 어   어:a,o   우:u,oo   유:u   이:y   우:w

강한 a는 '에이ei'나 '애æ'로 소리 낸다. play에서 y가 앞의 a를 길게 소리 나게 해서 '플라이'가 아니라 '플레이'로 소리 낸다.

play   PLAY

play   PLAY

play   PLAY

make   wait   always   say   day   pay
[meik]   [weit]   [ˈɔːlweiz]   [sei]   [dei]   [pei]

41

애 = a = A = [æ]

가방=백(ㄱ)[bæg]

a:아, 에이, 애   e:에, 이이   i:이, 아이   o:오우, 어   어:a,o   우:u,oo   유:u   이:y   우:w

강한 a는 '에이ei'나 '애æ'로 소리 낸다. bag은 1음절(1글자)로 강세가 붙어서 '박'이 아니라 '백'으로 소리 낸다.

bag   BAG

bag   BAG

bag   BAG

p.40/41: 페인 테잌(ㅋ) 게임 네임 페이션ㅌ 오우케이 / 메잌(ㅋ) 웨잍(ㅌ) 얼웨이즈 쎄이 데이 페이

am	dad	bad	have	hang	marry
[ǽm]	[dǽd]	[bǽd]	[hǽv]	[hǽŋ]	['mǽri]

애 = ⓐ = A = [æ]

남자(성인)=맨[mæn]

| a:아, 에이, 애 | e:에, 이이 | i:이, 아이 | o:오우, 어 | 어:a,o | 우:u,oo | 유:u | 이:y | 우:w |

강한 a는 '에이ei'나 '애æ'로 소리 낸다. man은 1음절(1글자)로 강세가 붙어서 '만'이 아니라 '맨'으로 소리 낸다.

man MAN

man MAN

man MAN

and	at	happy	can	thank	sad
[ænd]	[æt]	['hæpi]	[kæn]	[θæŋk]	[sæd]

43

에 = e = E

돕다=**헲**(ㅍ)[help]

a:아, 에이, 애   **e:에, 이이**   i:이, 아이   o:오우, 어   어:a,o   우:u,oo   유:u   이:y   우:w

약한 e는 '에'로 소리 낸다.

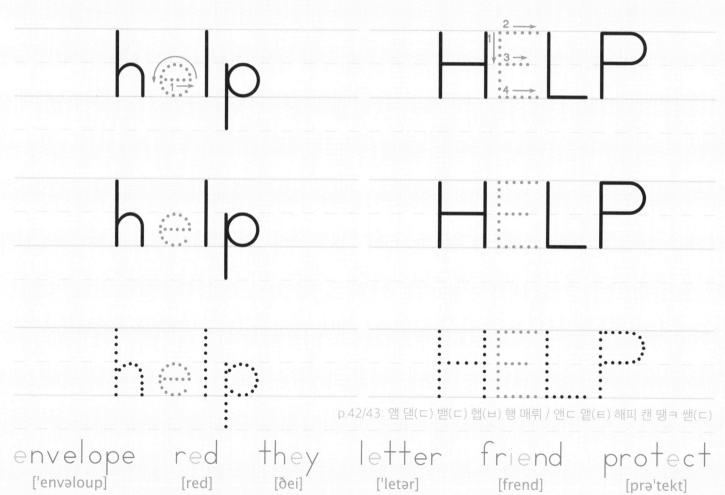

p.42/43: 앰 댄(ㄷ) 밴(ㄷ) 햅(ㅂ) 행 매뤼 / 앤ㄷ 앹(ㅌ) 해피 캔 땡ㅋ 쌘(ㄷ)

envelope   red   they   letter   friend   protect
['envəloup]   [red]   [ðei]   ['letər]   [frend]   [prə'tekt]

44

에 = e = E

보내다 = **쎈ㄷ** [send]

a:아, 에이, 애   **e:에, 이이**   i:아이   o:오우, 어   어:a,o   우:u,oo   유:u   이:y   우:w

약한 e는 '에'로 소리 낸다. 모든 모음은 약해지면 '어'로 소리 나고(girl 등), 더 약해지면 '으'로 소리 난다(every, person)

send   SEND

send   SEND

send   SEND

everything   restaurant   ready   head   hotel   ourselves
['evriθiŋ]   ['restəra:nt]   ['redi]   [hed]   [hou'tel]   [auər'selvz]

45

이이 e-E [iː]

보(이)다=**씨이** [siː]

강한 e는 '이이'로 소리 낸다. 주로 다른 모음(se**e**에서 두 번째 **e**)과 함께 있을 때 이렇게 소리 낸다(ea, ee, ie, ei 등).

s ee

SEE

s ee

SEE

s ee

SEE

p.44/45: 엔벌로움(ㅍ) 뤤(ㄷ) 데이 레털 프뤤드 프러텍트 / 에브뤼띵 뤠스터롸ㅌ 뤠디 헨(ㄷ) 호우텔 아월쎌ㅂ즈

need	feel	tree	street	queen	read
[niːd]	[fiːl]	[triː]	[striːt]	[kwiːn]	[riːd]

이이 -e- E [i:]

떠나다 = 리이브 [liːv]

a:아 에이 애 **e:에, 이이** i:이 아이 o:오우 어 어:a o 우:u oo 유:u 이:y 우:w

강한 e는 '이이'로 소리 낸다. 주로 다른 모음(le**a**ve에서 **a**)과 함께 있을 때 이렇게 소리 낸다(ea, ee, ie, ei 등).

leave   LEAVE

leave   LEAVE

leave   LEAVE

eat   people   believe   key   me   he
[iːt]   ['piːpl]   [biˈliːv]   [kiː]   [míː]   [hiː]

47

도시 = **씨티** ['siti]

a:아 에이 애 e:에 이이   **i:이, 아이**   o:오우, 어 어:a,o 우:u,oo   유:u 이:y 우:w

약한 i는 '이'로 소리 낸다.

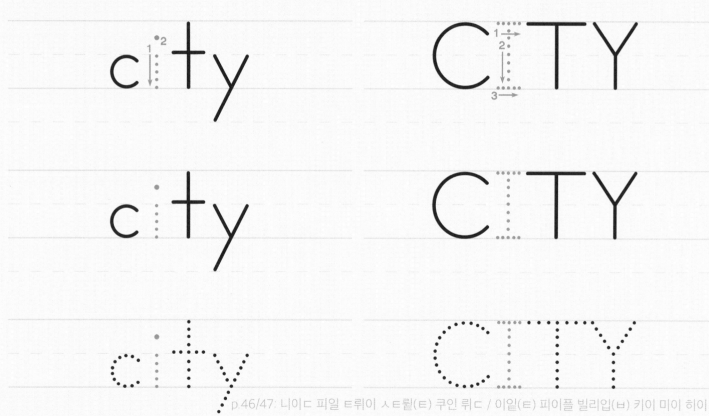

p.46/47: 니이ㄷ 피일 트뤼이 ㅅㅌ뤼ㄹ(ㅌ) 쿠인 뤼ㄷ / 이일(ㅌ) 피이플 빌리입(ㅂ) 키이 미이 히이

is   give   children   king   ring   bring

[iz]   [giv]   [tʃíldrən]   [kiŋ]   [riŋ]   [briŋ]

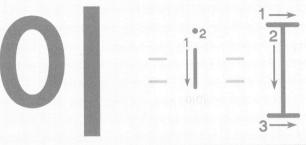

그림=**픽춸** ['piktʃər]

약한 i는 '이'로 소리 낸다.

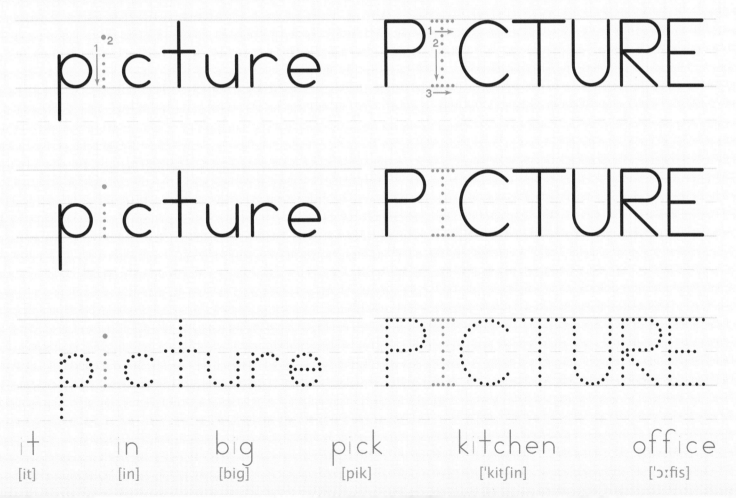

picture   PICTURE

picture   PICTURE

picture   PICTURE

it	in	big	pick	kitchen	office
[it]	[in]	[big]	[pik]	['kitʃin]	['ɔːfis]

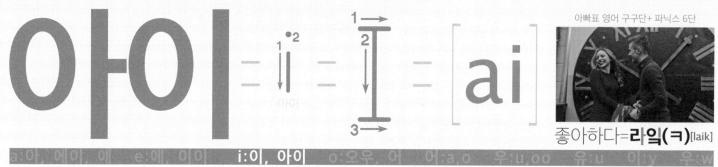

아이 = i = I = [ai]

좋아하다= **라잌(ㅋ)**[laik]

a:아, 에이, 애 e:에, 이이 **i:이, 아이** o:오우, 어 어:a,o 우:u,oo 유:u 이:y 우:w

강한 i는 '아이'로 소리 낸다. like에서 e가 앞의 i를 길게 만들어서, '리케'가 아니라 '라이크'로 읽는다.

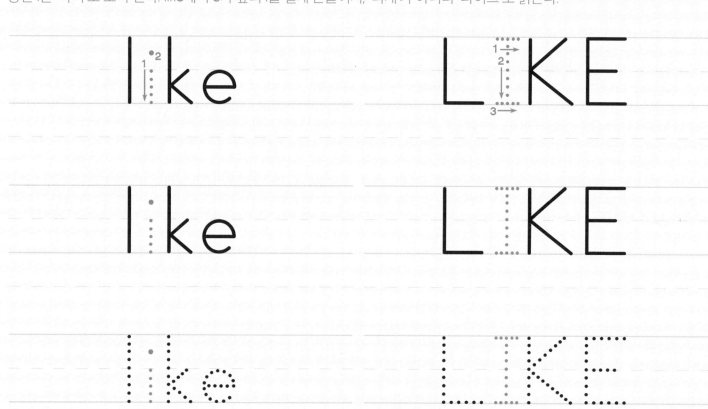

like   LIKE

like   LIKE

like   LIKE

p.48/49:이즈 깁(ㅂ) 췰드뤈 킹 륑 브륑 / 잍(ㅌ) 인 빅(ㄱ) 픽(ㅋ) 키췬 어피ㅆ

I   ice   rice   drive   light   child
[ai]   [ais]   [rais]   [draiv]   [lait]   [tʃaild]

50

아이

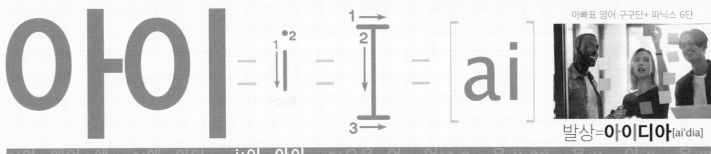

i ― i ― I ― [ai]

아이

발상=**아이디어**[ai'dia]

a:아, 에이, 애   e:에, 이이   **i:이, 아이**   o:오우, 어   어:a,o   우:u,oo   유:u   이:y   우:w

강한 i는 '아이'로 소리 낸다. id**ea**에서 **ea**가 앞의 i를 길게 만들어서, '이디어'가 아니라 '아이디어'로 읽는다.

idea

IDEA

idea

IDEA

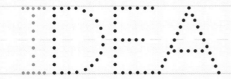

time	right	violin	like	find	surprise
[taim]	[rait]	[ˌvaiə'lin]	[laik]	[faind]	[sər'praiz]

51

확인해보기 3

정답 p.79

각 알파벳에 어울리는 한글 소리를 선으로 이어 보세요.

a ①	Ⓐ 이
e ②	Ⓑ 아
i ③	Ⓒ ㅋ
a[k] ④	Ⓓ 에

a ⑤	Ⓔ 에이
e ⑥	Ⓕ 아이
i ⑦	Ⓖ ㅌ
ɬ ⑧	Ⓗ 이이

확인해보기 ④

정답 p.79

각 알파벳에 어울리는 한글 소리를 선으로 이어 보세요.

ɑ ①   Ⓐ 에

e ②   Ⓑ ㄴ

i ③   Ⓒ 아이

n ④   Ⓓ 애

i ⑤   Ⓔ 에

e ⑥   Ⓕ 애

i: ⑦   Ⓖ 이

æ ⑧   Ⓗ 이이

오우

오우 O O [ou]

아빠표 영어 구구단+ 파닉스 6단

전화기= **포운** [foun]

a:아, 에이, 애 e:에, 이이 i:이 아이 **o:오우, 어** 어:a o 우:u,oo 유:u 이:y 우:w

강한 o는 '오우'로 소리 낸다. phon**e**에서 **e**가 앞의 o를 길게 만들어서 '폰'이 아니라 '포운'으로 읽는다. ph는 f로 소리 낸다.

phone PHONE

phone PHONE

phone PHONE

p.50/51:아이 아이ㅆ 롸이ㅆ ㄷ롸입(ㅂ) 라일(ㅌ) 촤일ㄷ / 타임 롸읕(ㅌ) 바이얼린 라익(ㅋ) 파인ㄷ 설ㅍ롸이ㅈ

old go road hold close show
[ould] [gou] [roud] [hould] [klouz] [ʃou]

오우 ⟲o₁ ─ ◯₁ ─ [ou]

아빠표 영어 구구단+ 파닉스 6단

배=**보웉(ㅌ)**[boʊt]

a:아 에이 애 e:에 이아 i:이 아이 **o:오우, 어** 어:a.o 우:u.oo 유:u 이:y 우:w

강한 o는 '오우'로 소리 낸다. boat에서 a가 o를 길게 만들어서 '보트'가 아니라 '보우트'로 읽는다.

b⟲o₁at   B⟲O₁AT

boat   BOAT

boat   BOAT

over   won't   gold   hotel   envelope   window
['ouvər]   [wount]   [gould]   [houtel]   ['envəloup]   ['windou]

55

어

어 = O = O = ə ∧

사랑(하다)=**럽(ㅂ)**[lʌv]

a:아, 에이, 애   e:에, 이이   i:이, 아이   **o:오우, 어**   o:a.o   우:u.oo   유:u   이:y   우:w

입을 조금 벌리고 '어'를 소리 낸다. a, e, i, o, u 등 모음이 약해지면 이 소리가 된다. 발음기호는 ə나 ∧. ∧가 ə보다 강하다.

love   LOVE

love   LOVE

love   LOVE

p.54/55: 오울ㄷ 고우 로우ㄷ 호울ㄷ 콜로우ㅈ 쇼우 / 오우벌 (우)오운ㅌ 고울ㄷ 호우텔 엔벌로웊(ㅍ) 윈도우

about   doctor   young   someone   protect   violin
[əˈbaut]   [ˈdaːktər]   [jʌŋ]   [ˈsʌmwʌn]   [prəˈtekt]   [ˌvaiəˈlin]

어

o̞ ○ [ə] [ʌ]

돈=**머니** ['mʌni]

a:아, 에이, 애 e:에, 이이 i:이, 아이 **o:오우, 어** o:a,o 우:u,oo 유:u 이:y 우:w

입을 조금 벌리고 '어'를 소리 낸다. a, e, i, o, u 등 모음이 약해지면 이 소리가 된다. 발음기호는 ə나 ʌ, ʌ가 ə보다 강하다.

money   MONEY

money   MONEY

money   MONEY

computer   come   something   doesn't   enough   person
[kəmˈpjuːtər] [kʌm] [ˈsʌmθiŋ] [ˈdʌznt] [iˈnʌf] [ˈpəːrsn]

57

어 = a = A = ɔ

아빠표 영어 구구단+ 파닉스 6단

부르다=**콜** [kɔːl]

a:아, 에이, 애   e:에, 이이   i:아, 아이   o:오우, 어   **어:a,o**   우:u,oo   유:u   이:y   우:w

입을 크게 벌리고 '어'를 소리 낸다. ɔ는 약하게 소리 낼 땐 '오'로 소리 낸다(boy는 '버이'가 아니라 '보이').

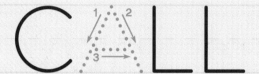

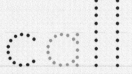

p.56/57: 어바웉(ㅌ) 닥털 영 써뭔 프러텍ㅌ 바이얼린 / 컴퓨털 컴 썸띵 더즌ㅌ 이너ㅍ 펄쓴

all	daughter	talk	tall	saw	law
[ɔːl]	['dɔːtər]	[tɔːk]	[tɔːl]	[sɔː]	[lɔː]

어

어 = ○ = ○ = ɔ
오우

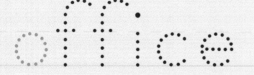

아빠표 영어 구구단+ 파닉스 6단

사무실=**어**피**쓰** [ˈɔːfis]

a:아, 에이, 애   e:에, 이이   i:이, 아이   o:오우, 어   **어:a,o**   우:u, oo   유:u   이:y   우:w

입을 크게 벌리고 '어'를 소리 낸다. c 뒤에 i 나 e가 나오면 쓰으로 소리 낸다. offi**ce**는 c뒤에 **e**라서 '어피케'가 아니라 '어피쓰'.

office   OFFICE

office   OFFICE

office   OFFICE

offer   long   wrong   dog   fog   cross
[ˈɔːfər]   [lɔːŋ]   [rɔːŋ]   [dɔːg]   [fɔːg]   [krɔːs]

59

우 = ʋ = U = [u

아빠표 영어 구구단+ 파닉스 6단

당기다=풀[pʋl]

a:아, 에이, 애   e:에 이이   i:이, 아이   o:오우, 어   ɔ:a,o   우:u,oo   유:u   이:y   우:w

u를 약하게 소리 낼 때는 '우'로 소리 낸다.

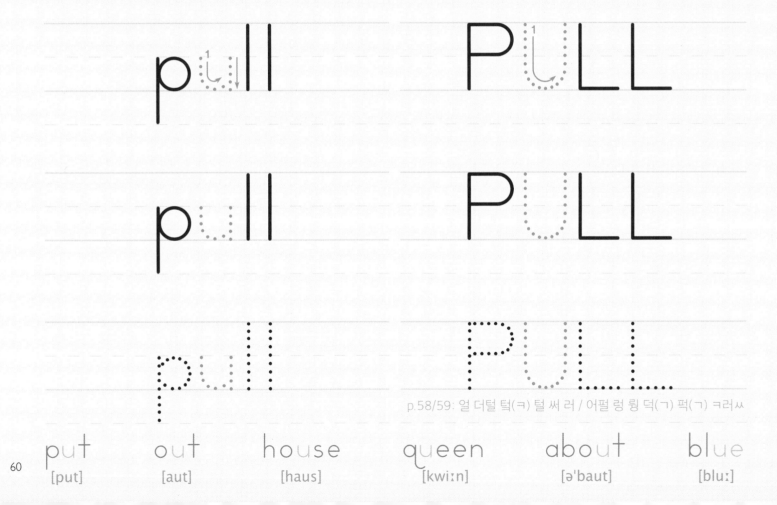

pull

PULL

pull

PULL

pull

PULL

p.58/59: 얼 더털 털(ㅋ) 털 써 러 / 어펄 렁 렁 덕(ㄱ) 퍽(ㄱ) 크러쓰

put	out	house	queen	about	blue
[put]	[aut]	[haus]	[kwi:n]	[ə'baut]	[blu:]

우

오오 〇〇 [u]

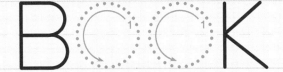

책=**북(ㅋ)**[buk]

a:야 에이, 애 e:에, 이이 i:이 아이 o:오우, 어 어:a,o **우:u,oo** 유:u 이:y 우:w

u를 약하게 소리 낼 때는 '우'로 소리 낸다.

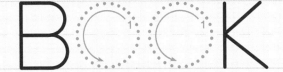

book

BOOK

book

BOOK

book

BOOK

food [fu:d]   foot [fut]   good [gud]   look [luk]   school [sku:l]   zoo [zu:]

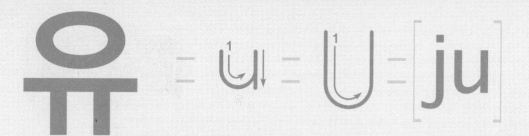

사용하다=**유ㅈ** [juːz]

a:아 에이, 애 e:에 이이 i:이 아이 o:오우 어 어:a,o 우:u,oo **유:u** 이:y 우:w

u를 강하게 소리 낼 때는 '유'로 소리 낸다. use에서 e가 앞의 u를 길게 소리나게 해서 '우즈'나 '어즈'가 아니라 '유즈'로 읽는다.

use

USE

use

USE

USE

p.60/61: 풑(ㅌ) 아웉(ㅌ) 하우ㅈ(하우ㅆ) 쿠인 어바웉(ㅌ) 블루 / 푸ㄷ 풑(ㅌ) 굳(ㄷ) 룩(ㅋ) ㅅ쿨 주

you computer sure cute excuse actually

[juː] [kəmˈpjuːtər] [ʃuər] [kjuːt] [동사ikˈskjuːz/명사:-juːs] [ˈæktʃuəli]

이| = y = Y = [j]

년=**이|열**[jiər]

a:아, 에이, 애 e:에, 이이 i:이, 아이 o:오우, 어 어:a,o 우:u,oo 유:u **이|:y** 우:w

다른 모음과 함께 '야,여,요,유'를 만든다. y는 종종 '이'나 '아이'로 읽히기도 한다. (pay, day, dye 등)

year   YEAR

year   YEAR

year   YEAR

you   youth   young   yes   yet   yard
[juː]   [juːθ]   [jʌŋ]   [jes]   [jet]   [jɑːrd]

우 w w W W [w]

더블유

전쟁=월[wɔːr]

a:아, 에이, 애 e:에, 이이 i:이, 아이 o:오우, 어 어:a,o 우:u,oo 유:u 이:y **우: w**

다른 모음과 함께 '와,워,위,왜'를 만든다.

war   WAR

war   WAR

war   WAR

p.62/63: 유 컴퓨털 슈얼 쿹(ㅌ) 익쓰큐즈(/익쓰큐스) 액츄얼리 / 유 유뜨 영 예쓰 옐(ㅌ) 얄드

we   want   win   war   watch   word
[wi]   [wɔːnt]   [win]   [wɔːr]   [waːtʃ]   [wəːrd]

마녀=**윝취**[witʃ]

다른 모음과 함께 '와,워,위,왜'를 만든다.

 witch

witch   WITCH

witch   WITCH

will	won't	what	wait	woman	window
[wil]	[wount]	[waːt]	[weit]	['wʌmən]	['windou]

65

ㅅㅅ = S¹ = S¹

에쓰

노래하다=씽[sin]

| ㅅ | 슈 | ㅈ | 쥐 |

ㅅ과 ㅆ의 중간. 대부분 ㅆ으로 소리 내지만, 강세 없이 s로 시작하면 ㅅ으로 소리 낸다.

sing　　　　SING

sing　　　　SING

sing　　　　SING

p.64/65: 위 원ㅌ 윈 월 와취 월ㄷ / 윌 (우)오운ㅌ 왙(ㅌ) 웨잍(ㅌ) 워먼 윈도우

start	street	someone	person	guess	us
[staːrt]	[striːt]	['sʌmwʌn]	['pəːrsn]	[ges]	[əs]

쉬 = sh = SH = [ʃ]

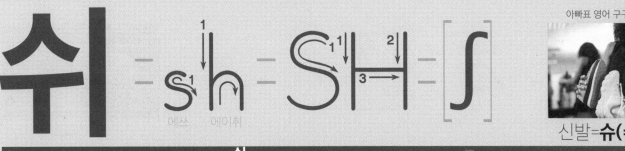

에쓰 에이취

아빠표 영어 구구단+ 파닉스 8단

신발=**슈(=쉬우)**[ʃuː]

쉬

입 모양 '위'에서 '쉬'로 발음한다. '위'를 소리 내면 안 되고 입 모양만 '위'를 한다.

 shoe

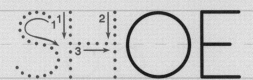OE

shoe

SHOE

shoe

SHOE

she	show	short	shut	shop	finish
[ʃi]	[ʃou]	[ʃɔːrt]	[ʃʌt]	[ʃaːp]	['fɪnɪʃ]

67

동물원=**주**[zuː]

| ㅅ | 슈 | ㅈ | 주 |

ㅈ보다 훨씬 부드럽게, 많이 울려서 소리 낸다.

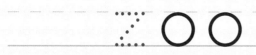

p.66/67: ㅅ탈ㅌ ㅅㅌ뤼ㄹ(ㅌ) 써뭔 펄쓴 게ㅆ 어ㅆ / 쉬 쇼우 슐(ㅌ) 셜(ㅌ) 샾(ㅍ) 피니쉬

zebra	zero	magazine	lazy	prize	quiz
['ziːbra]	['zirou]	['mægəziːn]	['leizi]	[praiz]	[kwiz]

쥐

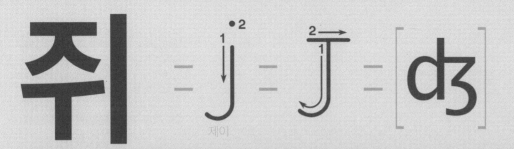

$= \dot{j} = \text{J} = [\text{dʒ}]$

제이

펄쩍 뛰다=**쥠(=쥐엄)** 프 [dʒʌmp]

ㅅ　　　　쉬　　　　　　　　　　　　ㅈ　　　　　　쥐

입 모양 '위'에서 ㅈ보다 강하게, 울리지 않고 '쥐'로 소리 낸다. ㅈ과 ㅉ의 중간 정도. ㅈ에 더 가깝다.

 jump　　　　 JUMP

jump　　　　JUMP

job	join	just	juice	enjoy	judge
[dʒaːb]	[dʒɔin]	[dʒʌst]	[dʒuːs]	[inˈdʒɔi]	[dʒʌdʒ]

69

ㅋㅅㅆ

출구=**엑앁(ㅌ)**['eksit]

ㄱㅅ   **ㅈ**

x가 단어 중간에 있으면 ㅋㅆ으로 소리 낸다. 발음기호로는 주로 ks, 종종 gz(ㄱㅈ)로도 소리 낸다.

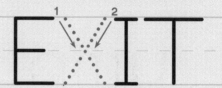

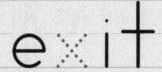
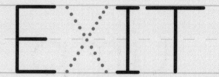

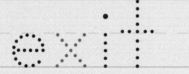
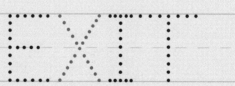

p.68/69: 지브롸 지로우 매거진 레이지 프라이ㅈ 쿠이ㅈ / 좝 죠인 져ㅅㅌ 쥬ㅆ 인죠이 졀쥐

excuse	expect	explain	next	taxi	fox
[동사ik'skjuːz/명사:-juːs]	[ik'spekt]	[ik'splein]	[nekst]	['tæksi]	[faːks]

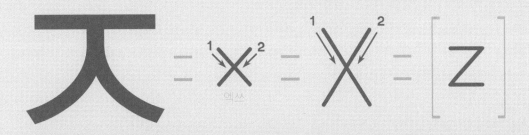

ㅈ = X = X = [z]
엑쓰

실로폰=**자일로포운**[ˈzailəfoun]

ㅈ

ㅈ보다 부드럽게, 많이 울려서 소리 낸다.

xylophone   XYLOPHONE

xylophone   XYLOPHONE

xylophone   XYLOPHONE

xylitol   Xerox   xanadu
[záilətóːl]   [ˈziraːks]   [zǽnədù]

확인해보기 5

정답 p.79

각 알파벳에 어울리는 한글 소리를 선으로 이어 보세요.

∪ ①		Ⓐ ㅈ	
∩ ②		Ⓑ 우	
Y [j] ③		Ⓒ 어	
Z ④		Ⓓ 이	

∪ [ju] ⑤		Ⓔ 우	
∩ ⑥		Ⓕ 오우	
∩∩ ⑦		Ⓖ 유	
× ⑧		Ⓗ ㅈ	

p.70/71: 익쓰큐즈(익쓰큐스) 익스펙트 익스플레인 넥쓰트 택씨 팍쓰 / 자일러털 지롴쓰 재너두

확인해보기 ⑥

정답 p.79

각 알파벳에 어울리는 한글 소리를 선으로 이어 보세요.

w ①　　　Ⓐ 쥐

o [ㄱ] ②　　　Ⓑ 우

x ③　　　Ⓒ 어

j [ʤ] ④　　　Ⓓ 크쓰

a [ɔ] ⑤　　　Ⓔ 쉬

ch [ʧ] ⑥　　　Ⓕ 어

sh [ʃ] ⑦　　　Ⓖ 쥐

ge [ʤ] ⑧　　　Ⓗ 취

알파벳 순서 따라 쓰기 필기체 소문자

필기체로 글씨를 이어서 쓸 수 있다. 현대 영어에서는 잘 쓰이지 않지만, 사인(signature)에는 많이 사용하고, 편지나 일기에서도 가끔씩 사용한다.

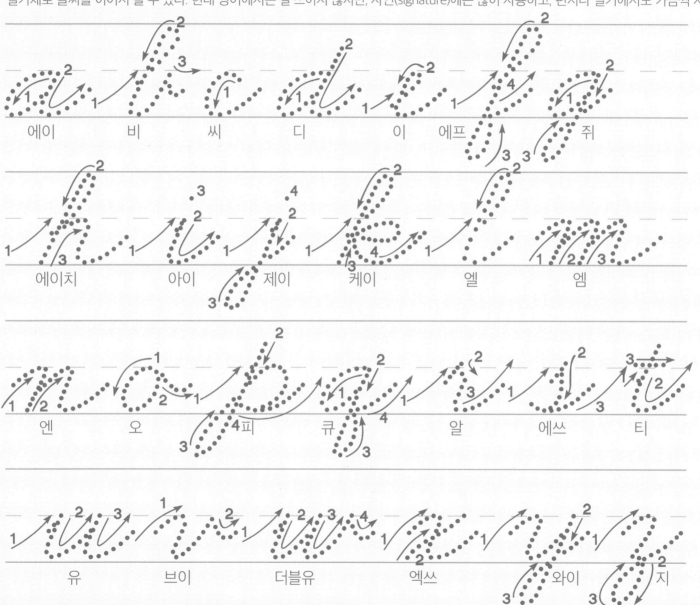

에이   비   씨   디   이   에프   쥐

에이치   아이   제이   케이   엘   엠

엔   오   피   큐   알   에쓰   티

유   브이   더블유   엑쓰   와이   지

알파벳 순서 따라 쓰기 필기체 대문자

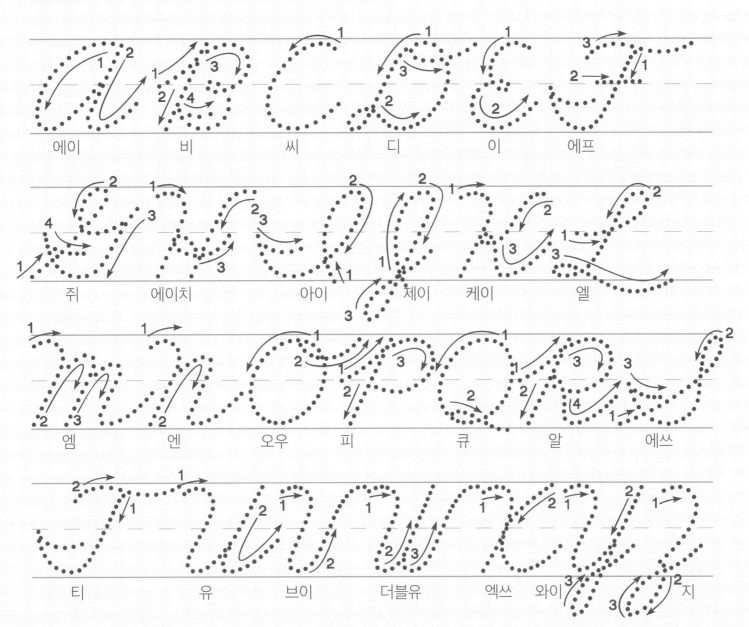

에이   비   씨   디   이   에프

쥐   에이치   아이   제이   케이   엘

엠   엔   오우   피   큐   알   에스

티   유   브이   더블유   엑쓰   와이   지

75

연령별 영어 공부법

시기에 맞춰 조금만 챙겨주면 훨씬 효율적으로 배울 수 있습니다.

많이 들려주세요.

영어도 재미있어요.

들려만 주지 말고 말하게 해줘요.

0~만2세

영어와 친해지는 단계

이 단계에서 엄마표 영어로 영어의 원리를 가르치기는 어렵습니다. 단지 '마더구스(영어 전래 동요)' 등 동요 많이 들려주세요. 개인적으로 '우리 아이 글로벌 리더 영어동요(런던 맘스 하모니)' 추천합니다.

버튼을 누르면 노래가 나오는 보드북도 좋습니다. 복잡하게 작동하는 것 말고, 누르면 바로 소리 나는 것으로 추천합니다.

영어 동화책이 있다면 자주 읽어주세요. 이때는 영어라서 부담을 갖거나 거부하는 것이 없습니다. 자연스럽게 친해질 수 있도록 자주 접하게 해주세요. 이때야 말로 아웃풋 욕심 버리고 들려줘야 할 때입니다.

이 시기를 놓치면

한국어와 영어를 구분하게 되면, 이해가 잘 안 되는 영어는 거부할 확률이 높습니다.

만2세~만4세

영어 아웃풋이 되는 단계

이 시기부터는 일방적으로 들려주는 영어는 큰 의미가 없습니다. 어떤 목적을 갖고 알려주시고, 들려주세요. (<아빠표 영어 구구단> 3단 부록 참고) 평소에 영어를 쓰셔도 좋지만, 웬만큼 많이 쓰지 않는 이상 큰 효과 없습니다.

영어 동요는 꾸준히 들려주기를 추천합니다. 시간이 있다면 다른 외국어 동요도 들려주시면 좋습니다. 아이가 따라부를 수 있으면 더 좋습니다.

한글 단어카드로 한글로 배우면서 영어로도 같이 읽어주시면 좋습니다. 마찬가지로 아이도 '영어로 단어를 말해야' 의미가 있습니다.

동영상은 내용이 쉽고 단순하게 움직이는 영상을 추천합니다(예: 리틀펌). 아무리 길어도 하루 1시간 정도가 좋습니다.

이 시기를 놓치면

발음에 있어서 중요한 시기입니다. 가르치는 분의 발음이 좋다면 원어민처럼 소리 낼 수 있습니다.

만4세~만7세

기본적인 대화를 하는 단계

한국어는 자유롭게 쓸 수 있습니다. 영어도 그만큼 상호작용하면 가능하기는 한데요. 부모 중 한쪽이 영어만 쓰지 않는 이상은 어렵습니다.

저는 <아빠표 영어 구구단>으로 가르치고 있습니다. 한국어도 그렇지만, 영어로 '듣고 말하는 것'이 먼저입니다. 그게 훨씬 재미도 있고, 익히기도 쉽습니다. 아빠표 영어 구구단만 해도 영어 걱정은 안 하셔도 됩니다. 하루 10분~20분씩, 한 달~두 달에 1권, 1~3년이면 전체(12권)를 배울 수 있습니다.

영어 동영상은 하루에 적게는 30분에서 많게는 2시간까지는 좋습니다. 억지로 보게 하는 것은 좋지 않습니다. 아이가 원하면 틀어주시기를 권합니다. 영상을 보기위해 영상이 있는 영어책 세트를 사셔도 좋고, 유튜브에서 검색하셔도 좋습니다.

이 시기를 놓치면

발음은 원어민처럼 할 수 없습니다. 공부는 돈으로 치자면 복리와 같아서, 시간이 지날수록 더 어렵게 영어를 배워야 합니다.

읽고 쓰는 법을 알려주세요!

1~3시간씩 매일 할래요!

다양하게 접하고 싶어요!

만7세~만9세

영어로 자유롭게 대화하는 단계

영어를 읽고 쓰는 것은 늦추는 것이 낫습니다. 잘못하면 듣지는 못하고 읽을 수만 있게 됩니다. 대신 <아빠표 영어 구구단>에 집중해 주세요. 참고로 제 딸(만 6세)은 아빠표 영어 구구단을 9단까지 끝내고, 알파벳 쓰는 것을 가르치고 있습니다.

9세 이전에 자극을 받기 위해 외국에 다녀오거나, 원어민 수업을 듣는 것은 좋지만, 오랜 시간 경험하는 것은 그 방식/선생님에 따라 위험할 수도 있습니다. 나중에 정신과 치료나 언어 치료를 받아야 할 수도 있습니다.

대부분의 아이에게 영어원서 읽기, 들려주기는 별 효과가 없습니다. 초등학교 고학년이 될 때까지 영어 원서 읽기는 시키지 말아주세요. 그래도 들려주고 싶으시다면, 받아 적고, 따라 말하게 하세요.

이 시기를 놓치면

영어가 두렵고 하기 싫어집니다. 특히 3학년 때는, 매번 학교 수업하기 전에, 수업 나갈 것을 읽을 수 있게 집에서 꼭 예습하기를 권합니다.

만9세~만12세

영어 학습의 시기

아이가 얼마나 원하는지에 따라, 어떻게 이끌어주느냐에 따라 깊이 있는 공부가 가능합니다.

제 딸은 하루 1시간은 의무적으로 영어를 공부할 계획입니다. 참고로 영어는 1시간씩 10년보다 10시간씩 1년이 낫습니다. 주로 제 저서를 스스로 공부하게 할 예정입니다. 공부하는 방향만 가르쳐주고, 나머지는 물어보는 것만 알려줄 것입니다.

구체적으로 <발음천사>나 <미드천사>의 '무료강의'를 듣게 할 생각입니다. 실제로 미드천사 3개월 공부로 초등학교 4학년 아이가 학원 다닌 적도 없는데 승급을 2번이나 했습니다.

이 시기에 수준에 맞는 독해책, 문법책으로 가능하다면 중~고등학교 수준까지 영어를 끝내놓으면 편해집니다.

이 시기를 놓치면

초등학교 졸업까지 영어 읽는 법을 배우지 못하면 영어를 포기합니다. 그리고 기본기가 부족하면 상당수는 영어를 포기하고, 대학 진학은 어렵습니다.

만12세~만14세

제2의 언어기

한국어가 완성되는 시기입니다. 이 시기가 지나면 언어적인 부분이 크게 발달하기는 어렵습니다. 어떻게 보면 가성비 높게 영어를 할 수 있는 마지막 시기 입니다.

수준에 맞는 독해책, 문법책도 계속하기를 추천합니다. 영화 등 아이가 좋아하는 소재로 다양하게 영어를 접하는 것도 좋습니다. <이상한 나라의 앨리스 디즈니 영화 영어공부>를 추천합니다.

그리고 어학연수나 해외 생활(1~2년)을 추천하는 시기도 이때입니다. 주변에 수많은 사람들에 비춰 보면, 8살 이전에 1~3년 해외 생활은 발음 말고는 큰 도움이 안 되는 경우가 많습니다. 초등학교 고학년~중학생 때 다녀온 분들을 보면, 1~3년 만에 원어민 수준으로 하는 분들이 종종 있었습니다.

이 시기를 놓치면

이후에는 '말'로 써먹는 영어가 아니라, 점수를 따기 위한 영어를 '글'로 공부해야 합니다. 대부분은 억지로 해야 해서 고달픕니다.

알파벳에 없는 대표 발음기호

사전의 모든 단어 옆에는 발음기호가 있는데, 알파벳에 없는 발음기호는 따로 익혀야 합니다.
이곳에 모든 발음기호가 수록되어 있지는 않고, 꼭 알아야 하는 발음기호 위주로 담았습니다.

알파벳에 없는 자음

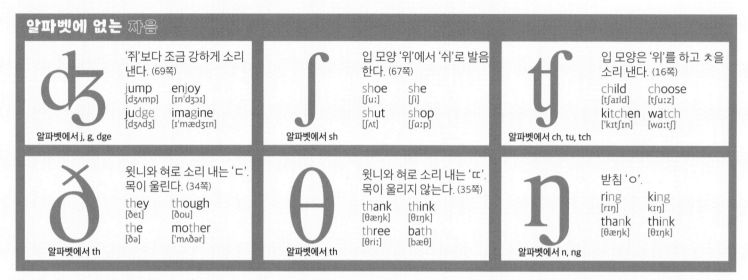

ʤ '쥐'보다 조금 강하게 소리 낸다. (69쪽)
jump [ʤʌmp]　enjoy [ɪnˈʤɔɪ]
judge [ʤʌʤ]　imagine [ɪˈmæʤɪn]
알파벳에서 j, g, dge

ʃ 입 모양 '위'에서 '쉬'로 발음한다. (67쪽)
shoe [ʃuː]　she [ʃi]
shut [ʃʌt]　shop [ʃɑːp]
알파벳에서 sh

ʧ 입 모양은 '위'를 하고 ㅊ을 소리 낸다. (16쪽)
child [ʧaɪld]　choose [ʧuːz]
kitchen [ˈkɪʧɪn]　watch [wɑːʧ]
알파벳에서 ch, tu, tch

ð 윗니와 혀로 소리 내는 'ㄷ'. 목이 울린다. (34쪽)
they [ðeɪ]　though [ðou]
the [ðə]　mother [ˈmʌðər]
알파벳에서 th

θ 윗니와 혀로 소리 내는 'ㄸ'. 목이 울리지 않는다. (35쪽)
thank [θæŋk]　think [θɪŋk]
three [θriː]　bath [bæθ]
알파벳에서 th

ŋ 받침 'ㅇ'.
ring [rɪŋ]　king [kɪŋ]
thank [θæŋk]　think [θɪŋk]
알파벳에서 n, ng

알파벳에 없는 모음

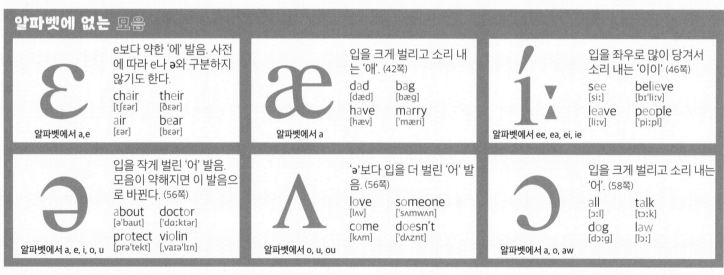

ɛ e보다 약한 '에' 발음. 사전에 따라 e나 ə와 구분하지 않기도 한다.
chair [ʧɛər]　their [ðɛər]
air [ɛər]　bear [bɛər]
알파벳에서 a, e

æ 입을 크게 벌리고 소리 내는 '애'. (42쪽)
dad [dæd]　bag [bæg]
have [hæv]　marry [ˈmæri]
알파벳에서 a

íː 입을 좌우로 많이 당겨서 소리 내는 '이이' (46쪽)
see [siː]　believe [bɪˈliːv]
leave [liːv]　people [ˈpiːpl]
알파벳에서 ee, ea, ei, ie

ə 입을 작게 벌린 '어' 발음. 모음이 약해지면 이 발음으로 바뀐다. (56쪽)
about [əˈbaut]　doctor [ˈdɑːktər]
protect [prəˈtekt]　violin [ˌvaɪəˈlɪn]
알파벳에서 a, e, i, o, u

ʌ 'ə'보다 입을 더 벌린 '어' 발음. (56쪽)
love [lʌv]　someone [ˈsʌmwʌn]
come [kʌm]　doesn't [ˈdʌznt]
알파벳에서 o, u, ou

ɔ 입을 크게 벌리고 소리 내는 '어'. (58쪽)
all [ɔːl]　talk [tɔːk]
dog [dɔːg]　law [lɔː]
알파벳에서 a, o, aw

확인해보기 정답

확인해보기 1 (21쪽)

①-Ⓐ, ②-Ⓓ, ③-Ⓒ, ④-Ⓑ / ⑤-Ⓕ, ⑥-Ⓗ, ⑦-Ⓖ, ⑧-Ⓔ

확인해보기 2 (37쪽)

①-Ⓑ, ②-Ⓐ, ③-Ⓓ, ④-Ⓒ / ⑤-Ⓗ, ⑥-Ⓖ, ⑦-Ⓕ, ⑧-Ⓔ

확인해보기 3 (53쪽)

①-Ⓑ, ②-Ⓓ, ③-Ⓒ, ④-Ⓒ / ⑤-Ⓕ, ⑥-Ⓖ, ⑦-Ⓔ, ⑧-Ⓖ

확인해보기 4 (61쪽)

①-Ⓓ, ②-Ⓒ, ③-Ⓐ, ④-Ⓑ / ⑤-Ⓕ, ⑥-Ⓗ, ⑦-Ⓖ, ⑧-Ⓔ

확인해보기 5 (72쪽)

①-Ⓑ, ②-Ⓒ, ③-Ⓓ, ④-Ⓐ / ⑤-Ⓖ, ⑥-Ⓕ, ⑦-Ⓗ, ⑧-Ⓔ

확인해보기 6 (73쪽)

①-Ⓑ, ②-Ⓒ, ③-Ⓓ, ④-Ⓐ / ⑤-Ⓕ, ⑥-Ⓗ, ⑦-Ⓔ, ⑧-Ⓖ

감사드립니다!

모든 것에 부족함이 없도록 챙겨주신 **여호와**께, **예수**께 감사드립니다.

고린도전서 7:23 너희는 값으로 사신 것이니 사람들의 종이 되지 말라

함께 고생한 딸(**황루나**)에게 감사드립니다.

원어민 음성을 녹음해준 **Daniel Neiman** (010-7711-9447)께 감사드립니다.

알파벳송을 편곡해준 **김영직**(010-4052-0206, dyotamusic@naver.com)께 감사드립니다.

세이펜으로 사용할 수 있게 해주신 **김철회** 대표님과 세이펜 관계자분들, 책을 인쇄하고 제작해주신 북크림 **박규동** 대표님(010-4806-5510), 관리와 배본을 해주시는 출마로직스 대표님과 관계자(031-943-1655)분들께 감사드립니다.

영어와 디자인을 가르쳐주신 선생님들(**강수정, 권순택, 김경환, 김태형, 문영미, 박태현, 안광욱, 안지미**)께 감사드립니다.

책을 소개, 판매해주시는 교보문고(**권대영, 김서현, 김효영, 장은해, 최지환, 허정범**), 랭스토어(**김선희, 박혜진**), 리디북스, 반디앤루니스(**신준택, 어현주, 홍자이**), 북센(**송희수, 이선경**), 북채널(**김동규**), 북파트(**홍정일**), 세원출판유통(**강석도**), 알라딘(**강나래, 강미연, 김채희, 홍성원**), 영풍문고(**박지해, 이명순, 이진주, 임두근, 장준석**), 인터파크(**권미혜, 김지현, 김희진, 안상진, 이윤희**), 한성서적(**문재강**), YES24(**김수연, 김태희, 박숙경, 박정윤, 박형욱, 신은지**) 그리고 오프라인의 모든 MD분들께 감사드립니다.

판매에 도움을 주시는 콜롬북스(01022947981 이홍열), 네이버 카페, 블로그, 사전, 블로거분들, 잡지사 관계자분들, 신문사 관계자분들께 감사드립니다.

꾸준히 마이클리시 책을 구매해주시고, 응원해 주시는 독자분들께 진심으로 감사드립니다. 즐겁게 영어 공부하실 수 있도록 최선을 다해 돕겠습니다.